# Guestbook

*In Celebration of*

_____

*Date*

_____

## Guest

## Note

Guest

Note

## Guest

## Note

Guest

Note

Guest                                    Note

## Guest

## Note

## Guest

## Note

## Guest

## Note

# Guest

# Note

# Guest

# Note

Guest

Note

## Guest

_____

_____

_____

_____

## Note

_____

_____

_____

_____

_____

_____

_____

_____

_____

_____

_____

## Guest

## Note

_____

_____

_____

_____

_____

_____

_____

_____

_____

_____

_____

_____

_____

Guest                                    Note

_____                  _____

                                          _____

                                          _____

_____                  _____

                                          _____

                                          _____

_____                  _____

                                          _____

                                          _____

_____                  _____

                                          _____

                                          _____

## Guest

## Note

## Guest

## Note

## Guest

## Note

# Guest

# Note

# Guest

# Note

Guest                            Note

Guest

Note

# Guest

# Note

# Guest

# Note

## Guest

## Note

# Guest

# Note

# Guest

# Note

## Guest

## Note

_____

_____

_____

_____

_____

_____

_____

_____

_____

_____

_____

_____

_____

_____

_____

_____

Guest                                    Note

_____    _____

                                              _____

                                              _____

_____    _____

                                              _____

                                              _____

_____    _____

                                              _____

                                              _____

_____    _____

                                              _____

                                              _____

# Guest

# Note

# Guest

# Note

_____

_____

_____

_____

_____

_____

_____

_____

_____

_____

_____

_____

# Guest

# Note

## Guest

## Note

# Guest

# Note

# Guest

# Note

# Guest

# Note

*Guest*                                    *Note*

# Guest

# Note

_____

_____

_____

_____

_____

_____

_____

_____

_____

_____

_____

_____

_____

Guest

Note

_____

_____

_____

_____

_____

_____

_____

_____

_____

_____

_____

_____

_____

# Guest

# Note

# Guest

# Note

# Guest

# Note

# Guest

# Note

# Guest

# Note

Guest                                    Note

_____          _____

                                 _____

                                 _____

_____          _____

                                 _____

                                 _____

_____          _____

                                 _____

                                 _____

_____          _____

                                 _____

                                 _____

# Guest

# Note

Guest

Note

# Guest

# Note

# Guest

# Note

Guest                                    Note

_____                  _____

                                          _____

                                          _____

_____                  _____

                                          _____

                                          _____

_____                  _____

                                          _____

                                          _____

_____                  _____

                                          _____

                                          _____

Guest                                    Note

_____          _____

                                         _____

                                         _____

_____          _____

                                         _____

                                         _____

_____          _____

                                         _____

                                         _____

_____          _____

                                         _____

                                         _____

# Guest

# Note

_____

_____

_____

_____

_____

_____

_____

_____

_____

_____

_____

_____

_____

_____

Guest             Note

Made in the USA
Coppell, TX
09 October 2021